自然にかしこい子に育つ お母さんのための かんたんゲームとことばかけ

斎藤道雄 著

黎明書房

はじめに

「子どもが自分の言うことを聞いてくれない。」
　この本を手にした方は，きっとそういう経験がおありの方々ではないでしょうか。
　ある先生は，教育について次のように語っています。

「"なになにしなさい"と言いたいことを，そう安易に言わないで，自然に子どもにそうさせてしまう人，そういう人が教育の専門家らしい人だと思います。」

　これは教育に限らず育児にも同じことが言えます。
「でも，それは教育の専門家だからできるのであって，親には無理な話でしょう。」
　そう思う方もいらっしゃるかもしれません。

　でも，ご安心ください。
　無理で構わないのです。
　まずは，その専門家の考え方を知ることです。

そして，できそうなことを見つけたら試すことです。
　たったそれだけでも，子どもへの接し方は大きく変わります。

　どんな教育者だってはじめは初心者です。同じように，どんなおとなだってはじめは子どもを育てることの初心者です。無理で構わないのです。知ることからスタートしましょう。

　本書のテーマは，
① 　ご家庭でお母さん（またはお父さん）が
② 　3歳〜小学校低学年の子どもの
③ 　こころとからだを育むための
④ 　自然にかしこい子に育つことばかけ（言い方や考え方）と
⑤ 　自然にかしこい子に育つかんたんゲーム　です。

　自然にかしこい子に育つことばかけの章でお話することは，
　・子どもが自分で考えて判断するような言い方
　・子どもがいけないことに気づくような言い方　です。

自然にかしこい子に育つかんたんゲームの章で紹介することは，
　・子どものからだの発育・発達をうながすゲーム
　・「なになにしなさい」と言わずに，自然に子どもにそうさせてしまうゲーム　です。

　この本が，子どもを育てるヒントになれば幸いです。

斎藤道雄

もくじ

はじめに …1

自然にかしこい子に育つ ことばかけ

1 ことばづかいを注意するよりも，
素直な言い方を教える …10

2 「みんなもそうしているから」と言うよりも，
自分のことばで説明する …12

3 子どもに手を差し伸べるよりも，
子どもをそっと見守る …14

4 「たくさん食べて」よりも，
「よく味わって食べて」 …16

5 「危ないからいけない」と言うよりも，
どうして危ないかを考えさせる …18

6 「静かにしなさい」と言うよりも，
思いっきりからだを動かして遊ばせる …20

7 怒鳴る(どな)よりも，落ち着いて冷静に話す …22

8 「テレビのマネはいけない」と言うよりも,
　人が傷つくことをわからせる …24

9 「○○しなさい」よりも,
　「どうしたらいいと思う？」 …26

10 好きなようにさせるよりも,
　経験する機会を与える …28

11 「順番を守りなさい」と言うよりも,
　他人に迷惑をかけることをわからせる …30

12 おとなだけで決めるよりも,
　子どもと相談して決める …32

13 優先席だから譲るよりも,
　席を必要としている人に譲る …34

14 あれこれたくさん言うよりも,
　できることをひとつだけ言う …36

15 「あいさつをしなさい」と言うよりも,
　あいさつをするときの気持ちを考えさせる …38

16 食事のマナーを教えるよりも,
　「いただきます」の意味を教える …40

17 「早く寝なさい」と言うよりも,
　思いっきりからだを動かして遊ばせる …42

18 言ってやらせるよりも,

おとながお手本を示す　…44

コラム モラルが乱れている今だからこそチャンス　…46

自然にかしこい子に育つかんたんゲーム

子どもが静かになるゲーム

1 10カウント　…48

2 この指だあれ　…50

3 体内時計　…52

聞く力をつけるゲーム

4 マネっこ拍手　…54

考える力をつけるゲーム

5 たくさんクイズ　…56

6 あと出しジャンケン　…58

7 10歩でお引越し　…60

思いっきりからだを動かすゲーム

8 しりもちオニ　…62

9 サーキットあそび　…64

10 階段ジャンケン　…66

観察する力をつけるゲーム

11 どっちの手　…68

12 ポン・ポン・パン …70
　気持ちが落ち着くゲーム

13 深呼吸 …72
　バランス感覚が身につくゲーム

14 かかし競争 …74
　リズム感覚が身につくゲーム

15 ケンケンパッ …76

16 スキップ …78
　素早い身のこなしが身につくゲーム

17 おとうさんすわり，おかあさんすわり …80
　気づく力をつけるゲーム

18 いろいろかけっこ …82
　あと片づけを覚えるゲーム

19 新聞集め …84
　スムーズな身のこなしが身につくゲーム

20 風船バレー …86

21 ティッシュキャッチ …88

22 おいもコロコロ …90

おわりに …92

自然にかしこい子に育つ
ことばかけ

ことばづかいを注意する**よりも，**

素直な言い方を教える

* * * * * * * * * * * * * * * *

　先日ある食堂で，お客さんが店員さんに少し不機嫌そうな口調でこう言いました。

　「ポットがないよ！」

　そのお客さんの座った机には，店員さんがお茶の入ったポットを置くことを忘れていたようです。

　そのお客さんの気持ちを考えてみると，きっと，「お茶が欲しかった」ただそれだけのことだと思います。

　お茶が欲しいのだったら，素直な言い方は「お茶をください」です。

　「ポットがないよ！」と「お茶をください」では，聞く人の印象が全く違います。

　だから，人を不快にさせないためにも，素直な気持ちをそのままことばにすることが大切です。

ある幼稚園で，子どもたちがドッジボールをしていました。負けたチームの子どもが言いました。
「つまんないから，やめた。」
　それを見ていた先生は，その子にこう言いました。
「そういうときは"もう１回やろう"って言うのよ。」
　ぼくはその先生のことばに感心しました。

　ドッジボールに負けた子どもの気持ちをよく考えてみると，決してつまらなくなんかないのです。
　その証拠に，それまで一生懸命にゲームに参加していたのですから。
　つまらないんじゃなくて，負けたから悔しかったのです。悔しいのなら，素直な言い方は「もう１回やろう（やりたい）」です。

　子どものことばづかいを直したいと思ったら，ことばづかいを注意する前に，素直な気持ちをことばにするように教えましょう。

まとめ

素直な人とは，素直な気持ちをことばにできる人です。

2

「みんなもそうしているから」と言うよりも,

自分のことばで説明する

* * * * * * * * * * * * * * * * *

　難破しかけている船で,船長が,早く船を離れるように乗客を促しています。

　アメリカ人には,「ヒーローになれるぞ!」
　イギリス人には,「紳士になれるぞ!」
　ドイツ人には,「飛び込むことが規則である」
　フランス人には,「飛び込んじゃだめだよ!」
　イタリア人には,「女性にもてるよ」
　そして日本人には,「みんな飛び込んでいるぞ!」

　これは,国民性を面白く表現しているジョークです。この話のように,日本ではおとなが子どもを説得するときに,同じような言い方をします。

　「みんなもちゃんとしているからちゃんとしなさい。」
　「みんなもいい子にしているからいい子にしなさい。」
　「みんなもそうしているからあなたもそうしなさい。」
　ここでひとつ疑問に思うことがあります。それは,な

ぜみんながそうするのか？　ということです。
　やっぱり，みんながそうするからでしょうか？
　みんながそうするから，みんなもそうするのでしょうか？　なんだか，よくわからなくなりましたね。

でも，よくわからないのにそうしているということは，よく考えていないということになります。

　だから，子どもに説明するときには，「みんながそうしているから」ではなく，自分が納得できることばで説明してください。

　それがたとえ，人から聞いた話でも，本で読んだことであっても，自分がきちんと納得すれば，もうそれはあなたのことばになります。
　思わず「みんなもそうしているから」と言いそうになったら，ほんの少しだけ言い方を変えてみましょう。

まとめ

自分のことばで話そうとするその姿勢を子どもに見せてください。

子どもに手を差し伸べるよりも,

子どもをそっと見守る

* * * * * * * * * * * * * * * * *

　子どもが困っているのを見ると,どうしてもおとなは手を差し伸べたくなります。

　でも,かえってそれが子どものためにならないときもあります。だから,そこをぐっとこらえて,あえて子どもをそっと見守ることも必要です。

　ある保育園で体育教室をしていたときの話です。

　はじめに子どもたちを集めてベンチに座らせました。ふと見ると,ひとりだけベンチの後ろで,立ったままオロオロとしていました。

　よく見ると,ひとりひとりが間を空けて座っていたために,その子が座れなくなってしまったのです。

　すると担任の先生がその子に近づこうとしたので,ぼくは片手で「待って！（そのままにしてください）」の合図を出しました。

なぜなら，その子が自分から意思表示をするチャンスだからです。それを，おとなが手を差し伸べてしまえば，せっかくのチャンスが失われてしまいます。

しばらくすると，その子はベンチの一番端に，お尻を半分はみ出させるように腰掛けていました。

友達に何か言ったのか，強引に座ったのかはわかりませんでしたが，ぼくはそれでよかったと思います。

かわいい子には旅をさせろ，ということわざがあります。「真に子どもを愛するなら，甘やかさずに世の中の辛くて苦しい現実をつぶさに体験させた方がよい」という意味です。

子どもが困っていたら，すぐに手を出す前に手を出した方がよいかどうかを考えてみましょう。そうしてから手を差し伸べても決して遅くはありません。

◆まとめ◆

思わず手を差し伸べたくなったら，ゆっくりと5つ数えてみましょう。

「たくさん食べて」よりも,

「よく味わって食べて」

* * * * * * * * * * * * * * * * *

　現代の日本の子どもたちには,「たくさん食べて」と言うよりも,「よく噛んで, よく味わって食べて」と教える方がよいと思います。

　そう言った方が, 自然とよく噛んで食べる習慣が身につくと思うからです。

　では, なぜよく噛んで食べるとよいのでしょうか。

　あるお医者さんは「よく噛んで食べると, 適正な体重になる」と言います。言い換えれば, 太りすぎたり, 痩せすぎたりしない, 過不足のないバランスのよいからだになる, ということです。

　現代の子どもは, 太りすぎと痩せすぎの子どもが増えているそうです。

　このことは, よく噛んで食べる習慣が身についていないことが原因だと考えられます。

また栄養学では，次のような効果があると言われています。

噛むとまずあごが発達し，歯の健康維持，味覚が発達する。

肥満防止にもなるし，胃腸にもやさしい。

ことばの発達を助け，脳の働きもよくする。

このようによく噛んで食べることには，多くの効果があります。よく噛んで食べることは，自分のからだを大切にすることにつながります。

一度身についた生活習慣は，おとなになってからではなかなか修正できません。（だから生活習慣病と言われています。）

自分のからだだからこそ，子どものうちに，よく噛んで食べる習慣をつけることが大切です。

まとめ

食事は，時間をかけて，ゆっくりと，味わっていただきましょう。

5

「危ないからいけない」と言うよりも，

どうして危ないかを考えさせる

* * * * * * * * * * * * * * * * *

「危ないからやめなさい。」

おとなが子どもによく言うセリフです。

でも子どもは，どうして危ないのかをわかっていないことがあります。

幼児体育教室でオニごっこの説明をしたときです。
「これからオニごっこをやります。
その前に問題。逃げてはいけないところがあります。
それは，どこでしょう？」

こういうふうに聞くと，ぼくが言うまでもなく，ぼくの言いたいことは子どもが言ってくれます。
「じゃんぐるじむっ！」
「すべりだいっ！」
「すなばっ！」
「どうして，ジャングルジムはいけないの？」
「あぶないから。」

ここまではいいとして，ここから先が問題です。
「どうして，ジャングルジムは危ないの？」
「……。」
こう質問をすると，子どもは考えこんでしまいます。
ではなぜ考えこんでしまうのでしょう。

理由は２つ。
ひとつは，なぜ危ないのか考えたことがないから。
もうひとつは，おとなが「危ないからやめなさい」とだけ言うからです。

大切なことは，危ないかどうかを子どもが自分で判断できるようにすること，です。
「まだ子どもだから無理だ」そう思えば無理です。

「どうして，ジャングルジムは危ないの？」
「……おちちゃうから。」
これが，子どもが考えた答えです。

まとめ
自分で危険を判断することが安全につながります。

6

「静かにしなさい」と言うよりも，

思いっきりからだを動かして遊ばせる

* * * * * * * * * * * * * * * *

たくさん寝る。

たくさん食べる。

お酒を飲む。

友達とたくさんしゃべる。

お風呂にゆっくりつかる。

カラオケで思いっきり歌う。

運動する。

　これは，ある調べによるストレス解消法の上位ランキングです。このランキングから，ストレスを発散するときには，思いっきり声を出したり，からだを動かそうとすることがわかります。

　これは，おとなだけでなく，子どもも同じです。

　だから，子どもに落ち着きのないときは「静かにしなさい」と言うよりも，思いっきり外でからだを動かして遊ばせましょう。

そうすることで,ストレスが発散できて,心もからだもスッキリします。結果的に静かになります。

　幼児体育教室では授業のはじめから,思いっきりからだを動かすあそびをします。
　そうすることで,子どもたちは落ち着いて話を聞くようになります。
　また,ある幼稚園では,毎朝必ず園庭でオニごっこやかけっこなど,思いっきりからだを動かして遊んでいます。
　そうすることで,子どもの集中力がよりアップすると言います。

　子どもに落ち着きがないときは,思いっきりからだを動かしたいというサインです。
　そんなときは,子どもといっしょに,思いっきりからだを動かして遊んでみましょう。

まとめ

思いっきりからだを動かして遊べば,こころもからだもスッキリします。

怒鳴る(どな)よりも，

落ち着いて冷静に話す

* * * * * * * * * * * * * * * *

イライラしているときに子どもを叱ると，どうしてもきつい口調になりがちです。

そうすると，言いたいことが相手に伝わりづらくなります。

たとえば，電車の中で子どもが騒がしいとします。おとなはまわりの目を気にして，「ダメよ〜」と優しく注意します。

けれど子どもはなかなか言うことを聞きません。

そんなことを繰り返しているうちに，最後には堪忍袋(かんにんぶくろ)の緒(お)が切れて……，

「何度同じこと言ったらわかるのっ！」

と，一気に怒りが爆発します。

でも，子どもからすれば，それまで許されていたのに，いきなり怒鳴られるようなものなのです。

「そんなに怒らなくたっていいじゃないか！」

そんな気持ちです。

肝心なことは,子どもがいけないということに気づくことです。そうするためには,怒鳴るよりも落ち着いて冷静に話す方が,効き目があります。

この場合は「ほかの人に迷惑だからいけない」と,一番最初に,毅然とした態度で言うことです。

ぼくの知っている,ある先生は子どもを叱るときに,決して怒鳴ったりしません。
騒がしい子どもたちには「静かになったら始めましょう」と言って,子どもたちが静かになるのを待ちます。

よい先生ほど子どもを注意するときは,怒鳴ったりせずに,静かに冷静に話をします。
先生でなくても,参考になる話です。

まとめ

思わず怒鳴りたいと思ったら,一度大きく深呼吸してみましょう。

8

「テレビのマネはいけない」 と言うよりも，

人が傷つくことをわからせる

* * * * * * * * * * * * * * * *

　子どもはよくテレビのマネをします。でもそうすることで，知らずに人を傷つけてしまうこともあります。

　お昼のバラエティ番組でこんなことがありました。

　あるタレントがゲストの姓名判断の先生に，「おい，じじ〜」と悪態をつくような言い方をしました。

　どっと笑いが起きた後に会場のお客さんも同じように呼び始めました。そのとき司会者がこう言いました。

　「出演者（が言うの）はいいけど，お客さんは（言うのは）ダメだよ」

　では，なぜ司会者はそう言ったのでしょう？

　あたりまえのことだと思うかもしれませんが，ここが大切なところです。

　ぼくは，こう考えます。

　①　バラエティ番組は，大勢の人に観て楽しんでもら

うために，わざと番組を面白くしようとします。

② 出演者はその番組を面白くすることに協力をします。なぜなら，それを仕事としているからです。

③ **でも，ときには面白くするために，わざと人が傷つくような言い方をすることがあります。**姓名判断の先生を「じじ〜」と呼んだのも，そのためです。

④ お客さんはそれを観て楽しむ側であって，決して番組をつくる側ではありません。

だから（番組をつくる側ではない）お客さんは，人を傷つけるような言い方をしてはいけないのです。

テレビを見ている視聴者も同じことです。
大切なことはテレビのマネをしてはいけない，ということではなく，傷つく人がいることをわからせることです。

まとめ

人が傷つくことを知れば，人を傷つけないことを考えます。

9

「○○しなさい」よりも

「どうしたらいいと思う?」

* * * * * * * * * * * * * * * * *

　おとなが,子どもの考える力を伸ばしたいと思うなら,答えを教えるよりも,子ども自らが考えるように,ヒントを与えて気づかせるとよいでしょう。

　先日,幼児体育教室で親子サッカーをしました。
　そこで改めて感じたことは,おとなは子どものやることについ口を出したくなる,ということです。

　たとえば,子どもたちが全員相手の陣地に攻め込むと,
「誰か自分たちのゴールを守らないと,ダメじゃないか!」
と,味方のチームの親が注意します。
　注意された子どもたちは,一応はゴールを守ります。
　けれども,あくまでも言われたからそうするのであって,自分の意思でそうするのではありません。

　大切なことは,その場の勝負に勝つことよりも,子ど

もが自ら考え，判断して行動することです。

そのためには，「どこどこを守りなさい」と答えを教えるよりも，まず，思いどおりにやらせてみます。

そこでもし，修正箇所があるようであれば，
「どうしてうまくいかなかったのか。」
「じゃあ，どうしたらいいと思う？」
そう問いかけて，守ることの必要性に気づかせます。

あるプロ野球チームの監督は，
「監督の仕事は気づかせ屋である。」
「選手たちに気づかせ自らが育つ。それが理想です。」
と語っています。

教育や育児にも同じことが言えます。
「どうしたらいいと思う？」このことばは，子どもの考える力を伸ばす魔法の質問です。

まとめ

おとなが気づかせる→子どもは気づくと嬉しい→嬉しいから自ら動く

好きなようにさせるよりも，

経験する機会を与える

* * * * * * * * * * * * * * * *

誰にでも苦手なことがあります。

できることなら，苦手なことはやりたくありません。

でも，苦手なことにトライすることで思わぬ発見をすることがあります。

ある母親から次のような相談がありました。

① 保育園に通う６歳の男の子。
② 鉄棒が苦手。鉄棒が嫌い。
③ 鉄棒を練習する時間は逃げるように避けている。
④ どうしたら逆上がりができるか。

そこでぼくが練習を見たのですが，その場ですぐに逆上がりはできませんでした。

ところが後日お母さんから意外な報告がありました。

「あれ以来，自分から進んで練習するようになったん

です！　先生が『もうちょっと！』と言ってくれたのが，とてもうれしかったみたいです。」

　その様子からは，お子さんの意欲がうかがえました。

　これがもし，その子の好きなようにさせていたら，今でも鉄棒は嫌いなままだったかもしれません。

　好きなようにさせることは，嫌いなことを避けることにもなります。

**　大切なことは，子どもが運動やあそびを経験する機会を，おとながつくることです。**

**　そのあとでそれを好きになるかどうかは，子どもが決めればよいことです。**

　友達をたくさん紹介するように，運動やあそびをする機会をたくさん与えてください。

　そうすれば，きっとよいめぐり合いがあるはずです。

まとめ

「子どもを自由にさせる」とは，経験させて自由に選ばせることです。

「順番を守りなさい」と言うよりも,

他人に迷惑をかけることをわからせる

* * * * * * * * * * * * * * *

　順番を守ることはあたりまえのことです。では,
「どうして順番を守らなきゃいけないの？」
　子どもにそう質問されたら,あなたはどう答えますか？

　同じ質問を,子どもたちにしたことがあります。
「あとから来た人はどこに並んだらいいと思う？」
「いちばんうしろー。」
「どうして一番後ろなの？」
「だって,あとからきたから。」
「なんで,あとから来たら後ろなの？」
「じゅんばんだから。」
「どうして順番は守らなきゃいけないの？」
「……。」
　子どもたちは,答えることができません。

そこで，ヒントを出します。

「もしきみが先に並んでいるのに，あとから来た人に順番を抜かされたら，どう思う？」

「イヤ〜。」

「そう。だから自分がされて嫌なことは人にもしてはいけないんだよ。」

順番を守らなければ，人に迷惑がかかります。意外なことに，この質問にきちんと答えられる人は多くはいません。なぜでしょう。

それは，順番を守ることはあたりまえのこと，だと思い込んでいて，それ以上考えようとしないからです。

最近，モラルが低下していると言われています。

でもそれは，モラルを守ることをあたりまえだと思い込んで，その意味をきちんと考えなかったからではないでしょうか？

まとめ

人の気持ちを考えると順番を守れるようになります。

おとなだけで決める**よりも**,

子どもと相談して決める

* * * * * * * * * * * * * * * *

いきなりですが,ここで問題です。

ここにある兄弟がいます。

この兄弟は今おやつのビスケット1枚をめぐり,大喧嘩をしています。

2人が文句を言うことなく,ビスケットを分けるには,どうすればよいでしょう。

半分に割る？　粉々に砕く？　ジャンケンする？

どれも,間違いではありませんが,もっとよい方法があります。

ヒントは,「公平な分け方」です。

正解は,「一方に割らせて,一方に選ばせる。」

この答えのよいところは,おとながすべて決めてしまうのではなく,子どもにも決める余地を残していること

です。

人は，他人が決めたことをするよりも，自分で決めたことをする方が納得して行動ができます。

この問題で，子どもが文句を言わずに分けるようにするのも，それが理由だからです。

ぼくは，幼児体育教室で運動会の練習を始める前に，「組体操をやろうと思うんだけど，どう思う？」と，あらかじめ子どもたちに相談します。もしやりたくない子がいたとしたら，その理由を聞きます。

その上で子どもたちがやると決めたら，辛いこともあるけど，本当にいいのかもう一度確かめます。

そうすることで，子どもたちに覚悟を決めさせることができます。

何かを始めるときは子どもと相談してから始めてみてください。大切なことは，おとながやらせるのではなく，子どもの意欲を支援することです。

まとめ

自分で決めることは，責任感を育てることになります。

優先席だから譲るよりも，

席を必要としている人に譲る

* * * * * * * * * * * * * * * *

あなたは優先席に座りますか？　座りませんか？

ぼくは，優先席に座ります。

ただしそれは，優先席を必要としている（と思われる）人が，まわりにいないときの話です。

そういう人が誰もいないのにもかかわらず，優先席は空いています。きっと，優先席を必要としている人のために空けているのだろう，と思います。

けれども，こういうふうにも考えられます。

優先席だけが空いているのは，優先席に座ってしまうと，後で自分が席を立たなければいけなくなるから。

大切なことは，優先席かどうかにかかわらず，席を必要としている人がいれば譲ることだと思います。

子どもには，こんなふうに説明したらどうでしょうか。

「電車やバスには優先席というのがあるんだよ。」

「ゆうせんせきって、なあに？」

「お年寄りやからだの不自由な人のための席のことだよ。」

「おとしよりのひとやからだのふじゆうなひとのため？」

「そう。だからといって、そういう人たちは、優先席だけに座るわけじゃないんだ。」

「もしも席を必要として困っている人がいたら、きみはどうする？　それが優先席じゃなければ譲らなくてもいいと思う？」

「……おもわない。ゆずるとおもう。」

「そう。そう思うなら、優先席かどうかに関係なく譲ればいいんだよ。」

優先席というイメージにとらわれないことは、本当の思いやりにつながります。

まとめ

優先席のイメージに惑わされない＝本当の思いやりについて考える

あれこれたくさん言うよりも，

できることをひとつだけ言う

* * * * * * * * * * * * * * * *

　子どもは，おとなが思わず注意したくなることをします。そんなときには，あれこれたくさん言うよりも，子どもが必ずできそうなことをひとつだけ言うようにします。

　ある保育園の4歳児クラスに，とても落ち着きのない子どもがいました。
　給食のときも，じっと座ることができません。
　そのたびに先生は，
「席に戻りなさい。」
「食べたくないなら，もう食べなくていいです。」
と，注意していました。

　ところが，先生がある話をした後から，少しずつ問題が改善されたのです。
　さて，先生はその子になんて言ったのでしょう。
　ヒントは，「できそうなことをひとつ言う」ことです。

正解は,「好きなものをひとつだけ食べましょう」です。

　できそうなことを言うことで,子どもを誉めるチャンスができます。子どもは誉められればうれしいから,もっと誉められようとします。

　おとなが「すご〜い！」と誉める。
　また誉められたいから食べる。
　またおとなが「すご〜い！」と誉める。
　これをぼくはホメホメスパイラルと呼んでいます。

　反対に他の子どもと比べると,「他の子はできるのに,なぜあなたにはできないの？」と注意だけが多くなりがちになります。ダメダメスパイラルです。

　だからと言って,注意することがいけないのではありません。問題が改善されるならば注意でも賞賛でもどちらでもよいのです。賞賛するためには,その子ができそうなことをひとつだけさせることがコツです。

まとめ

できる→誉められる→意欲がわく

15

「あいさつをしなさい」と言うよりも,

あいさつをするときの気持ちを考えさせる

* * * * * * * * * * * * * * * *

先日,友達とあいさつの話で盛り上がりました。
「あいさつをされないとさびしい。」
というぼくの意見に対して,友達は,
「あいさつをされるとうれしい。」

そう考えてみると,
「あいさつは基本だから」とか,
「あいさつは常識だから」とか,
「あいさつはマナーだから」とか,
というよりも,
「あいさつをされるとうれしいから。」
「あいさつをされないとさびしいから。」
単純に,ただそれだけのことのような気がします。

だったら,子どもにあいさつのしかたを教えるときは,
「あいさつをきちんとしなさい」と言うよりも,こうい

う言い方をしてみてはいかがでしょうか。

「みんなにちゃんとあいさつするのよ。」
「なんであいさつしなきゃいけないの。」
「あいさつはプレゼントと同じなのよ。」
「ぷれぜんと？」
「そう，プレゼント。もらうとうれしくない？」
「うれしい。」
「じゃあサンタさんのようにたくさんのお友達にプレゼントをあげたらどう？　きっとみんな喜ぶわよ。」

　言い方ひとつによって，それをするときの気持ちは違います。
　あいさつは，しなければいけないからするのでなく，されると（すると）うれしいからする。
　そう思ってする方が，きっと気持ちよくあいさつができると思います。

まとめ

■ 義務感でするよりも自分で進んでする方が，気持ちがよいものです。

16 食事のマナーを教える**よりも**,

「いただきます」の意味を教える

* * * * * * * * * * * * * * * * *

　日本では，食事の前に手を合わせて「いただきます」と言います。

　ことばの意味を調べてみると，

① あなたの命を私の命にさせていただきます。という意味が込められている。
② 食卓を整えるお母さん・お父さんへの感謝を表す。
③ 作ってくれた農家の方への感謝を表す。
④ 食べ物そのものへの感謝を表す。

　また，浄土真宗では「植物や動物の命を絶って料理し，それらの命をもらって，それを食べる人間が自分の命を維持し生存することの感謝を表す」そうです。

　このように「いただきます」という短い一言には，さまざまな想いが込められています。

　それまでは「食べ物を食べる」と思っていたのに，

「命を食べる(いただく)」と思うようになると、何だかとてもありがたい気持ちになります。

それだけでなく、
・食べ物は大切にしなければならない。
・食べ物は粗末にしてはいけない。
・だから、感謝して食べなければいけない。
などなど、いろいろなことに気づかされます。
そう気づくのは、きちんとことばの意味を知ればこその話です。

子どもに食事のマナーを教えるときは、どうぞ「いただきます」の意味をきちんと教えてください。
そうすればおとなが「感謝して食べなさい」と言うまでもなく、子どもは自然と感謝することに気づくことでしょう。

まとめ

ことばの意味を知ると、そのことばにこめられた想いが伝わります。

17

「早く寝なさい」と言うよりも，

思いっきりからだを動かして遊ばせる

* * * * * * * * * * * * * * * *

からだを動かすことは健康によいと言われています。では，なぜからだを動かすと健康によいのか，考えたことがありますか？

この質問にきちんと答えられる人は，実はほとんどいません。そういうぼくも，初めて質問されたときは，答えることができませんでした。
でも言われてみると，「なあんだ。そんなことか」と思うようなことです。

では，もう一度質問を繰り返します。
からだを動かすとなぜ健康によいのでしょうか？

思う存分にからだを動かすと疲れます。
疲れると寝つきがよくなります。
よって，よく眠ることができます。

もうひとつ，思う存分にからだを動かすと疲れます。
疲れるとお腹が空きます。
よって，よく食べることができます。

このようにからだを動かすことは，よく寝ることとよく食べることにつながります。
この２つのことは，健康にとても大切なことです。

だから，からだを動かすことは健康によいのです。
このあたりまえの意味をきちんと知っていると，子どもを育てるときにも大いに役立ちます。

先日，ある母親からこんな相談がありました。
「うちの子は遅くまで起きていてなかなか寝ないんです。どうしたら早く寝るようになりますか？」

よく寝るにはどうしたらよいでしょうか？
そうです。答えはきっともうおわかりですね。

まとめ

子どもと思いっきり遊びましょう。子どもは自然とすくすく育ちます。

18 言ってやらせるよりも、

おとながお手本を示す

* * * * * * * * * * * * * * * *

　他人を注意するときに、つい自分のことは棚に上げておいて言ってしまうことがあります。

　子どもを注意するときもそうです。

　好き嫌いがあるのに「好き嫌いはいけません。」
　協調性がないのに「みんなと仲良くしなさい。」
　消極的なのに「自分から進んでやりなさい。」

　「え〜、そういう自分はどうなの？」
　子どもからすると、そう言いたくもなります。

　だからといって、好き嫌いをしていいとか、仲良くしなくていいとか、自分から進んでやらなくてもいいとか、そういう話ではありません。

　大切なことは、まずおとなが子どもにお手本を見せることです。**それがたとえ、よいお手本にならないとして**

も，そう努力する姿勢を見せることです。

そうした上で言うことばには，説得力があります。

「自分にも好き嫌いがある。けれど，少しでも好き嫌いをなくそうとしている。だから，いっしょに頑張ろう。」

そう言われれば子どもも嫌な気はしないはずです。

「やってみせ」
「言って聞かせて」
「させてみて」
「ほめてやらねば」
「人は動かじ（動かないだろう）」

山本五十六(いそろく)の有名なことばです。

見本を見せるという意味のことばが，最初にあります。注意することばは，どこにもありません。

「子どもには批評よりもお手本が大切である。」

ある哲学者もこう語っています。

子どもは親の背中を見て育つものです。

まとめ

■ 子どもに「頑張れ」という前に，まずおとなが努力する姿勢を見せます。

コラム

モラルが乱れている今だからこそチャンス

　ぼくが通っていた高校には，怖くて厳しい先生がたくさんいました。重たい教科書をわざと置いて帰ると，職員室に呼ばれて殴り飛ばされました。それが目から星が出るほど痛いのです。

　今思うと，そういう怖い先生がいたからこそモラルが守られていた部分もあったと思います。

　ところが，時代とともに怖い先生は減り，やさしい先生が増えて，先生と生徒はまるで友だちのようになりました。

　ぼくは，それがいけないことだとは思いません。今は，おとなが子どもを殴らずに，会話でどれだけ子どもの人間性を育てられるかどうかを試されているんだと思います。

　今，モラルが乱れていると言われています。でもそれは，**それまでモラルを守ることがあたりまえだと思っていたからで，見方を変えればモラルについてきちんと教えられてこなかったから**だと思います。

　きっとモラルが乱れている今がモラルについてよく考えるよいきっかけなのだと思います。

自然にかしこい子に育つ
かんたんゲーム

1

子どもが静かになるゲーム

10カウント

「○○ちゃんのお耳はよく聞こえるのかな？」
こんなふうに始めてみましょう。

* * * * * * * * * * * * * * * * *

子どもへの効果
- 聞く力を養います。
- 集中力を養います。
- 気持ちをリフレッシュします。

【やり方】

❶ 子どもは，そうっと目を閉じます。

❷ おとなは，10回手をたたきます。

❸ 子どもは，10回手をたたき終えたと思ったところで目を開けます。

❹ 10回ができたら，11回，12回と数を増やして，20回を目標にトライしてみましょう。

上手なすすめ方のポイント

① はじめは，拍手5回で練習してみましょう。
② 拍手の音を小さくすることで，より一層，音を聞き取ることに集中します。

2 子どもが静かになるゲーム

この指だあれ

「ハンカチの中に隠れているのはだれでしょう？」
こんなふうに始めてみましょう。

* * * * * * * * * * * * * * * * *

子どもへの効果
- 観察する力を養います。
- 考える力を養います。
- 静かに考えます。

【やり方】

❶ おとなは，片手にハンカチをかぶせます。
❷ ハンカチの中で，指を1本だけ出します。
❸ 子どもは，どの指が出ているのかをあてます。
❹ 何回か，繰り返してやってみましょう。

上手なすすめ方のポイント

① はじめにハンカチなしで，指の名前を確認しておきましょう。
② 慣れてきたら，おとなと子どもが交代してみましょう。より楽しく長く続けられます。

3 子どもが静かになるゲーム

体内時計

寝る前に，食事の前に，このゲームをするだけで気持ちが落ち着きます。子ども向けの瞑想術です。

* * * * * * * * * * * * * * * * *

子どもへの 効果
- ●集中力を養います。
- ●静かに考えます。
- ●気持ちが落ち着きます。

【やり方】

❶ 子どもは，そっと目を閉じます

❷ スタートの合図で，10数えます。

❸ おとなは，10秒間計測します。

❹ できるだけ，正確に数えられるよう，トライしてみましょう。

上手なすすめ方のポイント

① はじめに，10まで数えられるかどうか確認しましょう。
② 子どもが慣れてきたら，20秒，30秒と時間を伸ばし，最終的に60秒を目標にしてみましょう。

自然にかしこい子に育つかんたんゲーム

4

聞く力をつけるゲーム

マネっこ拍手

子どもはおとなのマネが大好きです。うまくマネできたら，たくさん誉めてください。

* * * * * * * * * * * * * * * * *

子どもへの効果
- 集中力を養います。
- リズム感覚が身につきます。

【やり方】

❶ おとなは，「パン・パン・パン」と3回手をたたきます。

❷ 子どもは，同じように繰り返します。

❸ おとなは，「パン・パン・パン・パン」と4回手をたたきます。

❹ 子どもは，同じように繰り返します。

❺ 手をたたく数をひとつずつ増やして，10回を目標にトライしてみましょう。

上手なすすめ方のポイント

① はじめは拍手3回から始めて，拍手5回を目標にしてみましょう。

② 「ターン・タ・タン」や「タ・タン・ターン」など，テンポを変えると，より楽しくレベルアップできます。

5

考える力をつけるゲーム

たくさんクイズ

クイズは，考えている間に脳を活性化させると言います。考える力をパワーアップさせましょう。

* * * * * * * * * * * * * * * * *

子どもへの効果
- ●考える力を養います。
- ●静かに考えます。

【やり方】

❶ お母さんが問題を出して，子どもが答えます。

❷ 答えは，ひとつだけでなく，たくさん考えられるようなものを考えます。

❸ 問題の例 「友達の名前を10人言う」
「野菜の名前をたくさん言う」
「"ほし"や"うみ"などの2文字のことばをたくさん言う」
「"あ"からはじまることばをを3つ言う」

上手なすすめ方のポイント

① はじめは,「野菜の名前を3つ」のように,答える数を少なくするとよいでしょう。
② しりとりのように交互に答えるようにすると,より楽しく長く続けられます。

6

考える力をつけるゲーム

あと出しジャンケン

子どもが落ち着きのないときに、気持ちがリフレッシュできる魔法のジャンケンです。

* * * * * * * * * * * * * * * * *

子どもへの効果

- ●考える力を養います。
- ●集中力を養います。
- ●気持ちをリフレッシュします。

【やり方】

❶ おとなと子どもでジャンケンをします。

❷ 「ジャンケンポン」で、おとなが先に出します。

❸ そのあとに、「ポン」と言いながら、子どもがあと出しで勝つものを出します。

❹ おとなと子どもが、交代してやってみましょう。

上手なすすめ方のポイント

① はじめに，同じものを出す（あいこになるように）練習もしてみましょう。
② 勝つものを出すことに慣れてきたら，負けるものを出すことにもトライしてみましょう。

7

考える力をつけるゲーム

10歩でお引越し

　子どもにとっては難しい目測を利用したゲームです。でも，うまくできれば気分上々です。

＊　＊　＊　＊　＊　＊　＊　＊　＊　＊　＊　＊　＊　＊　＊　＊

子どもへの効果
- ●観察力を養います。
- ●数の数え方を覚えます。
- ●考える力を養います。

【やり方】

❶　おとなと子どもが，5メートルくらい離れて立ちます。

❷　おとなのところをゴールとして，子どもは10歩ちょうどで着くように歩きます。

❸　間隔を変えて（長くする，または短くする），繰り返しトライしてみましょう。

上手なすすめ方のポイント

① はじめは，1メートルぐらい離れたところに立ち，3歩ちょうどで歩くことから始めましょう。
② おとなと子どもが交代して行うことで，より楽しく長く続けられます。

8

思いっきりからだを動かすゲーム

しりもちオニ

雨の日でも，部屋の中でからだを動かしてストレスが発散できる楽しいオニごっこです。

* * * * * * * * * * * * * * * * *

子どもへの効果
- スムーズな身のこなしを覚えます。
- 瞬発力を養います。
- 集中力を養います。

【やり方】

❶ はじめに，おとながオニになります。

❷ 逃げる方も追いかける方も，おしりを床につけたまま，手と足だけを使って動きます。（立つことはできません。）

❸ オニにタッチされたら，オニを交代して続けましょう。

上手なすすめ方のポイント

① 実際に行うときは，畳の部屋よりも，板の間やフローリングの部屋の方がよいでしょう。
② オニごっこを始める前に，お尻を床に着いたまま，手と足を使って動く練習をしてみましょう。

9

思いっきりからだを動かすゲーム

サーキットあそび

公園は子どもにとって遊園地です。たくさんのアトラクションで思いっきり遊びましょう。

* * * * * * * * * * * * * * * *

子どもへの効果
- スムーズな身のこなしを覚えます。
- ストレスを発散します。
- 寝つきがよくなります。

【やり方】

❶　ジャングルジムにのぼって降りてから，すべり台をすべって降ります。

❷　同じことを２回繰り返します。

❸　おとなと子どもで競走してやってみましょう。

上手なすすめ方のポイント

① はじめは，連続で行わないで，ひとつひとつ，ゆっくりと練習してみましょう。
② 子どもが慣れてきたら，鉄棒をくぐることや，ベンチをタッチすることを増やすと，楽しく長続きできます。

10

思いっきりからだを動かすゲーム

階段ジャンケン

階段の昇り降りを利用した，すごろくのような楽しいジャンケンです。

* * * * * * * * * * * * * * * *

子どもへの効果
- 集中力を養います。
- スムーズな身のこなしを覚えます。

【やり方】

❶ おとなと子どもでジャンケンをします。

❷ 勝った方が階段を上ることができます。

❸ グーで勝ったら1段。チョキで勝ったら2段，パーで勝ったら5段，進むことができます。

❹ 下からスタートして，先に上に着いた方を勝ちとします。

ジャーン
ケーン

上手なすすめ方のポイント

① 慣れてきたら，負けた方はその分だけ下りるようにすると，さらに楽しく長続きできます。
② 階段がない場合は，ゴールを決めて，勝った分の歩数だけ歩くこともできます。

11

観察する力をつけるゲーム

どっちの手

いつでも，どこでも，ちょっとした時間にできるゲームはいくつあってもよいものですね。

* * * * * * * * * * * * * * * *

子どもへの効果
- 観察力を養います。
- 考える力を養います。
- 集中力を養います。

【やり方】

❶ 10円玉を1枚用意します。

❷ おとなは，子どもの見ている前で，どちらかの手に10円玉を隠します。

❸ 背中の後ろに隠したあとに，再び子どもの目の前に両手を握って差し出します。

❹ 子どもは，手をよく観察して，どちらの手に10円玉が隠れているか当てましょう。

上手なすすめ方のポイント

① 何回連続して正解するか，挑戦してもよいでしょう。
② 子どもが正解したら，おとなと交代してもよいでしょう。より楽しく長続きできます。

12

観察する力をつけるゲーム

ポン・ポン・パン

互いの手と手を合わせる楽しいあそびです。リズム体操のひとつです。

* * * * * * * * * * * * * * * * *

子どもへの効果
- ●観察する力を養います。
- ●スムーズな身のこなしを覚えます。
- ●リズム感を養います。

【やり方】

❶ おとなと子どもが向かい合わせになります。

❷ 「ポン,ポン」で拍手を2回します。「パン」で,お互いの手と手を合わせます。

❸ おとなは「パン」のときに,手を上げたり下げたりします。

❹ 子どもは,おとなの手を追いかけて手と手を合わせます。

上手なすすめ方のポイント

① はじめは，手を上下させずに，顔の前で手を合わせるように練習してみましょう。
② おとなと子どもが役割を交代することで，より楽しく長続きさせることができます。

自然にかしこい子に育つかんたんゲーム

気持ちが落ち着くゲーム

深呼吸

たまには思いっきり深呼吸をして、からだの風とおしをよくしましょう。

* * * * * * * * * * * * * * * *

子どもへの効果
- 気持ちを落ち着けます。
- 気持ちをリフレッシュします。
- 集中力が向上します。

【やり方】

❶ 口からゆっくりと、息を吐き出します。

❷ 鼻からたくさん、息を吸い込みます。

❸ おとなも子どもといっしょに、約1分間続けてみましょう。

上手なすすめ方のポイント

① はじめは，鼻や口を意識せずに，吸うことと吐くことだけをやってみましょう。
② 「たくさ〜ん吸って」「ゆ〜っくり吐いて」とことばかけするとよいでしょう。

14

バランス感覚が身につくゲーム

かかし競争

「さあ，どっちが長くできるかな？」
かかしの競争で，バランス感覚と集中力アップ。

* * * * * * * * * * * * * * * * *

子どもへの効果
- バランス感覚を養います。
- 集中力を養います。

【やり方】

❶ 手を横に広げて，片足で立ちます。

❷ その場でジャンプしたり，地面についてる足が動かないように気をつけます。

❸ どちらが長くできるか，かかしの競争をしてみましょう。

上手なすすめ方のポイント

① はじめは,うまくできなくても,繰り返しやることで,うまくできるようになります。
② 「10まで」など具体的な数を決めてトライすると,さらに子どもの意欲が高まります。

リズム感覚が身につくゲーム

ケンケンパッ

リズムに合わせて、思いっきりからだを動かすことは、楽しいものです。

* * * * * * * * * * * * * * * *

子どもへの効果
- リズム感覚が身につきます。
- スムーズな身のこなしを覚えます。

【やり方】

❶ 片足だけで、2歩進みます。（ケンケン）

❷ 両足で、静止します。（パッ）

❸ おとなと子どもがいっしょにやってみましょう。

上手なすすめ方のポイント

① はじめは,手拍子を練習してみましょう。(2回拍手して,1回休む。)
② おとなといっしょにやると,より早くリズム感が身につきます。

16

リズム感覚が身につくゲーム

スキップ

リズムに合わせることを気にせず，どんどんトライしてみましょう。

* * * * * * * * * * * * * * * *

子どもへの効果
- ●リズム感覚が身につきます。
- ●スムーズな身のこなしを覚えます。

【やり方】

❶ 片足だけで，2歩進みます。

❷ 反対の足で，2歩進みます。

❸ おとなと子どもがいっしょにやってみましょう。

上手なすすめ方のポイント

① はじめは,「タン・タ・タン・タ」と,手をたたいてリズムをとってみましょう。
② おとなが,手拍子をしたり,口でリズムをとるようにするとよいでしょう。

自然にかしこい子に育つかんたんゲーム

17

素早い身のこなしが身につくゲーム

おとうさんすわり，おかあさんすわり

「どっちが早いか競争よ。おとうさんすわり，ヨーイドン！」そう言って，さあスタート！

＊ ＊ ＊ ＊ ＊ ＊ ＊ ＊ ＊ ＊ ＊ ＊ ＊ ＊ ＊ ＊ ＊

子どもへの効果
- 素早い身のこなしを覚えます。
- 話をよく聞きます。
- 集中力を養います。

【やり方】

❶ おとなは，「おとうさんすわり（あぐら）」「おかあさんすわり（正座）」「たいそうすわり」の3つの中からひとつを選んで言います。

❷ 子どもは，指示されたポーズを素早くとります。

❸ おとなと子どもが，交互にポーズを指定して，どちらが素早くできるか競争してみましょう。

おかあさん
すわり

おとうさんすわり　　たいそうすわり

上手なすすめ方のポイント

① はじめは，ひとつひとつのポーズをしっかり覚えることから始めましょう。
② ラッコ（仰向けになる）あざらし（うつ伏せになる）のポーズを加えると，より楽しくレベルアップできます。

18 気づく力をつけるゲーム

いろいろかけっこ

「ゴールは……あそこっ!」
それがスタートの合図です。

* * * * * * * * * * * * * * * *

子どもへの効果
- 観察力を養います。
- 集中力を養います。
- スムーズな身のこなしを覚えます。

【やり方】

❶ おとなは,身のまわりにあるものをひとつ指定します。

❷ 指定したものをタッチして,どちらが速く戻ってくるか競争します。

❸ 指定するものを変えて,繰り返し行ってみましょう。

上手なすすめ方のポイント

① タッチするものの例：木，ベンチ，鉄棒，ジャングルジム，すべり台など
② おとなと子どもが交互に指定してもよいでしょう。より楽しく長続きできます。

19

あと片づけを覚えるゲーム

新聞集め

まずは思いっきり散らかしちゃいましょう。
楽しく散らかしたら楽しく片づけましょう。

* * * * * * * * * * * * * * * *

子どもへの効果
- 手先を器用に動かすことを覚えます。
- ストレスを発散します。
- 片づけることを覚えます。

【やり方】

❶　新聞紙を1枚用意します。
❷　おとなと子どもがいっしょに，新聞紙をできるだけ小さく破きます。
❸　破いた新聞紙を，ビニール袋に入れて，子どもの上から雪のように降らせます。
❹　下に落ちた新聞紙を，おとなと子どもがいっしょに拾い集めて，同じことを繰り返しましょう。

上手なすすめ方のポイント

① 散らかした後はいっしょに片づけることを，あらかじめ話しておくとよいでしょう。
② 新聞紙の枚数を増やすことで，より楽しく行うことができるでしょう。(片づけの練習になります。)

自然にかしこい子に育つかんたんゲーム

20

スムーズな身のこなしが身につくゲーム

風船バレー

風船はボールを扱うよりも簡単で楽しいものです。からだを器用に動かすことを覚えます。

* * * * * * * * * * * * * * * * * *

子どもへの効果
- スムーズな身のこなしを覚えます。
- よく見ることに意識を集中します。

【やり方】

❶ おとなが上から風船を落とします。

❷ 子どもは，上から落ちてきた風船を手でたたき返します。

❸ 何度か繰り返して，やってみましょう。

上手なすすめ方のポイント

① はじめは，両手で風船をキャッチすることからトライしてみましょう。
② 慣れてきたら，バドミントンのように，交互に風船をたたいてみましょう。

21

スムーズな身のこなしが身につくゲーム

ティッシュキャッチ

どこに落ちるかわかりません。
「さあ，うまくキャッチできるかな？」

* * * * * * * * * * * * * * * * *

子どもへの効果
- からだを器用に動かすことを覚えます。
- 集中力を養います。

【やり方】

❶ ティッシュを1枚用意します。

❷ おとなは，ティッシュを子どもの上から落とします。

❸ 子どもは，落ちてきたティッシュをキャッチします。

❹ 何度か繰り返して，やってみましょう。

上手なすすめ方のポイント

① はじめは，低いところから落とすようにしましょう。
② まわりに障害物のない安全な場所を選んでからやりましょう。

22

スムーズな身のこなしが身につくゲーム

おいもコロコロ

子どもは転がることが大好きです。楽しみながら転がることを覚えます。

* * * * * * * * * * * * * * * * *

子どもへの効果
- スムーズな身のこなしを覚えます。
- からだが回転する感覚を覚えます。
- 気持ちをリフレッシュします。

【やり方】

❶ 子どもはふとんの端に，仰向けに寝ます。

❷ おとなは，ふとんの端を両手で，ゆっくりと引っ張り上げます。

❸ 子どもは，反対の端の方向へ箸が転がるように，自然と回転していきます。

上手なすすめ方のポイント

① はじめに、子どもの頭がふとんからはみ出さないように注意しましょう。
② 「おへそに力を入れて」と言うと、からだが丸太のようになって、うまく回転できます。

おわりに

　最後に,いきなり問題です。
　次の(　　)の中に,適当なことばを入れてください。ただしあまり深く考えずに,パッと頭に浮かんだことばを入れてみましょう。

　幸せとは(　　　)ではなく(　　　)である。

さあ,どうでしょう。何か思いつきましたか？
これは,ある哲学者が言ったことばです。
そのことばとは,
「幸せとは手に入れるものではなく気づくものである。」

ぼくは,同じ質問を学生にしたことがあります。
ある学生は,次のように答えました。
「幸せとは待つものではなくつかむものである。」

　この答えからその人の幸せについての考え方がわかります。
　もし幸せはつかむものであるとすれば,文字どおり幸

せをゲットしようとします。だから幸せをゲットするために探そうとします。

　でも，いくら探しても見つからないことがあります。
　見つからなければ，不幸せということになります。
　不幸せのスタートは幸せについての考え方からでした。

　一方，もし幸せは気づくものであるとすれば，手に入れようとはせず気づこうとします。
　そうすれば，手に入らなくても不幸せにはなりません。もともと幸せは手に入れるものではないのですから。

　このように，考えは人の幸せに大きく影響します。
　では，おとなが子どもの幸せを願うのなら，どうしたらよいのでしょう。

　おとなが子どもに考えることを教えること。
　そうすることが，本当の幸せにつながるのだと思います。

　　平成22年2月

　　　　　　　　　　　　　　　　　　斎藤道雄

事業案内 クオリティ・オブ・ライフ・ラボラトリー

現在，次のような仕事をお請けしています。仕事に関するご依頼，ご相談は，お気軽にお問い合わせください。

★連絡先は次ページにございます。

お請けしている仕事の内容

①体操講師派遣（幼稚園，保育園，介護施設ほか）
②講演活動（全国各地へうかがいます）
③人材育成（幼稚園教諭，保育士，介護職員ほか）
④執筆（からだを使うあそびやゲームをテーマとしたもの）

講演，執筆テーマ

①子どもが大好きなからだを使ったあそびやゲーム
②あそびやゲームをクラスづくりにじょうずに活用する方法
③子どもが納得するじょうずな話し方
④子どもが自立する教え方
　ほか，運動，あそび，ゲーム，運動会，野外活動（遠足，お泊まり保育など）をテーマにしたもの

「氏名」「連絡先」「ご依頼内容」を明記の上，ファックスまたは，メールにてお問い合わせください。

著者紹介
●斎藤道雄

1965年福島県生まれ。
国士舘大学体育学部卒業。(株)ワイルドスポーツクラブ(おもに幼児体育指導者を派遣する)を経て,1997年健康維持増進研究会設立。2007年クオリティー・オブ・ライフ・ラボラトリー(QOL.LAB)に改名。

おもな著書	『3・4・5歳児の考える力を楽しく育てる簡単ゲーム 37』『0〜5歳児の運動する力を楽しく育てる簡単あそび 47』『幼稚園・保育園のかならず成功する運動会の種目 60』『幼稚園・保育園の子どものこころとからだを動かすすごい教え方 50』『子どもを動かす魔法のゲーム 31』『こう言えば子どもがじょうずにできる魔法のことば 40』『魔法の体育指導法 60』(黎明書房) ほか多数。
おもな契約先	セントケアホールディングス株式会社,早稲田速記医療福祉専門学校,東京スポーツレクリエーション専門学校,有料老人ホーム敬老園,ほか多数。

【クオリティー・オブ・ライフ・ラボラトリー連絡先】
メール:info@michio-saitoh.com
ファックス:03-3302-7955
ホームページ:http://www.michio-saitoh.com

＊イラスト:渡井しおり

お母さんのための自然にかしこい子に育つかんたんゲームとことばかけ

2010年5月1日　初版発行
2017年4月15日　10刷発行

	著　者	斎　藤　道　雄
	発行者	武　馬　久仁裕
	印　刷	藤原印刷株式会社
	製　本	協栄製本工業株式会社

発　行　所　　株式会社　黎明書房

〒460-0002　名古屋市中区丸の内3-6-27　EBSビル　☎052-962-3045
振替・00880-1-59001　FAX052-951-9065
〒101-0047　東京連絡所・千代田区内神田1-4-9　松苗ビル4階
☎03-3268-3470

落丁本・乱丁本はお取替します。　　　　ISBN978-4-654-06533-2
Ⓒ M. Saito 2010, Printed in Japan

斎藤道雄著　B6判・93頁　1200円
子どもを動かす魔法のゲーム31
黎明ポケットシリーズ①　付・じょうずに子どもを動かす10のヒント　子どもたちの興味をひきつけるゲームを使って，おかたづけや順番に並ぶことができるようになる方法。

斎藤道雄著　B6判・100頁　1200円
こう言えば子どもがじょうずにできる魔法のことば40
黎明ポケットシリーズ②　あいさつや順番を守るなど，ルールやマナーを子どもが心から守るようになる言葉や，前転やとび箱がじょうずになる成功に導く言葉のかけ方を紹介。

斎藤道雄著　B6判・95頁　1200円
魔法の体育指導法60 ── とび箱・なわとび・鉄棒・マット・ボール・平均台・集団あそび
黎明ポケットシリーズ③　「逆あがりを補助するときは」など，子どもたちが無理なくできる指導のポイントをわかりやすく紹介。子どもの叱り方，上手に教える10のヒントも収録。

斎藤道雄著　A5判・97頁　1700円
3・4・5歳児の考える力を楽しく育てる簡単ゲーム37
子育て支援シリーズ⑧　子どもたちの考える力（観察力・判断力・集中力など）を楽しくのばすゲーム37種を，かわいいイラストとともに紹介。巨大迷路／相談ジャンケン／他。

斎藤道雄著　A5判・109頁　1800円
0～5歳児の運動する力を楽しく育てる簡単あそび47
子育て支援シリーズ⑨　バランスをとる能力，回転する能力など，子どもの運動する力を育てるあそび47種を紹介。将来のスポーツ上達に役立ちます。ブクブクパー／くも歩き／他。

田中和代著　四六判・114頁　1200円
カウンセラーがやさしく教えるキレない子の育て方
どなる，暴力を振るう，リストカットをする，引きこもる，物やお金を大切にしない，勉強がきらいなど，キレる子どもが確実に変わる，今すぐできる親の対応の仕方をマンガで解説。

表示価格は本体価格です。別途消費税がかかります。

■ホームページでは，新刊案内など，小社刊行物の詳細な情報を提供しております。「総合目録」もダウンロードできます。http://www.reimei-shobo.com/